Pe. ADEMIR BERNADELLI, C.Ss.R.

NOVENA AO IMACULADO CORAÇÃO DE MARIA

EDITORA
SANTUÁRIO

ISBN 85-7200-873-X

Diagramação: Alex Luis Siqueira Santos

6ª impressão

Todos os direitos reservados à **EDITORA SANTUÁRIO** – 2016

Composição, CTcP, impressão e acabamento:
EDITORA SANTUÁRIO - Rua Pe. Claro Monteiro, 342
12570-000 – Aparecida-SP – Tel. (12) 3104-2000

SENTIDO DA NOVENA

A oração em forma de novena tem uma longa tradição na devoção popular entre todos os cristãos.

Esta novena quer levar-nos a um momento de súplica, de oração, de ação de graças mais intensa, mas também a um momento de conversão para a vida cristã, levando cada um a uma renovação de seu próprio batismo para maior adesão a Jesus Cristo. Por Maria, nossa mãe, mãe de Cristo e da Igreja, mais precisamente de seu Coração Imaculado, procura levar-nos à busca de uma oração mais eficaz e de uma participação mais ativa na vida de Igreja e no exercício de nossa própria vocação de batizados. Procura levar-nos à união das famílias no aconchego do Coração de Nossa Senhora.

Esta novena quer ser ajuda na busca da oração pessoal e comunitária, num esforço de solidariedade e de partilha com nossos irmãos mais necessitados. Que a oração desta novena seja um esforço sincero para viver uma vida cada vez mais cristã e mais comprometida com o Reino de Deus.

O tempo de oração deve colocar-nos sempre no sentido de uma forte experiência de Deus em nossas vidas, e através dessa experiência é que nos é obtida a graça do Senhor. O desejo é que esta novena nos leve a uma experiência de fé em Jesus Cristo, e a uma grande devoção a Nossa Senhora. Que a Mãe de Jesus, com seu materno coração, ajude-nos a ver a luz de seu Filho, nosso Santíssimo Redentor.

"Ó Maria concebida sem pecado, rogai por nós recorremos a vós."

COMO FAZER A NOVENA
(Roteiro para todos os dias)

– Em nome do Pai, do Filho e do Espírito Santo.
– Amém.

Invocação ao Espírito Santo
Concedei-nos, ó Deus onipotente, que brilhe sobre nós o esplendor da vossa claridade, e o fulgor da vossa luz confirme, com o dom do Espírito Santo, aqueles que renasceram pela vossa graça. Por Cristo, nosso Senhor. Amém.

Saudação a Nossa Senhora
Virgem Imaculada, em vosso coração materno deposito todo o meu amor e a minha devoção, no início desta novena. Dignai-vos receber minhas honras e veneração nesses momentos de oração que vos consagro. Vós sois o abrigo seguro dos pecadores penitentes, o consolo dos tristes, a advogada dos injustiçados, a saúde dos enfermos, o nosso eterno socorro. Sois, depois de Jesus Cristo, toda a minha esperança.

Reza-se o *Creio em Deus-Pai...*

Oração final

Fazei, ó Deus, que, ao celebrarmos a novena do Imaculado Coração de Maria, possamos também, por sua intercessão, participar da plenitude da vossa graça. Por nosso Senhor Jesus Cristo, vosso Filho, na unidade do Espírito Santo. Amém.

Rezar o *Glória ao Pai*.

Consagração ao Imaculado Coração de Maria

Ó Maria, mãe de Deus e nossa mãe, Rainha do céu e refúgio dos pecadores, ao vosso Coração Imaculado consagramos nossa vida, todo o nosso ser, tudo o que temos, tudo o que amamos, tudo o que somos. A vós pertencem nossos lares, nossa pátria. Queremos que seja vosso, e participe dos benefícios de vossas bênçãos maternais, tudo o que existe em nós e ao redor de nós. E, para que essa consagração seja realmente eficaz e duradoura, renovamos hoje, a vossos pés, ó Maria, as promessas batismais. Comprometemo-nos a observar os mandamentos de Deus e da Igreja. Queremos empenhar-nos, ó gloriosa mãe de Deus e nossa mãe, para que o Reino de Cristo, vosso Filho, seja presença em nossa alma e em nossa vida, na terra como no céu. Amém.

Ladainha do Imaculado Coração de Maria

Senhor, tende piedade de nós!
Jesus Cristo, tende piedade de nós!

Senhor, tende piedade de nós!
Jesus Cristo, ouvi-nos!
Jesus Cristo, atendei-nos!
Deus Pai do céu, tende piedade de nós!
Deus Filho, Redentor do mundo, tende piedade de nós!
Deus Espírito Santo, tende piedade de nós!
Santíssima Trindade, que sois um só Deus, tende piedade de nós!
Santa Maria, Coração Imaculado,
Filha Predileta do Pai,
Missionária do vosso Filho Jesus Cristo,
Portadora do Redentor,
Estrela da Evangelização,
T.: rogai pela Igreja e por nós todos!
Mestra da vida, amor do Pai,
Mãe amada de todos os cristãos,
Portadora das luzes do Espírito Santo,
Mãe da humanidade,
Advogada dos injustiçados,
T.: rogai pela Igreja e por nós todos!
Mãe silenciosa, orante, intercessora,
Senhora acolhedora de todos os peregrinos,
Mãe dos corações cheios de esperança,
Senhora das nossas alegrias e tristezas,
Mãe da confiança,
T.: rogai pela Igreja e por nós todos!
Mulher de fé, cheia de graça,

Consoladora dos pequenos,
Mãe da Igreja em missão,
Senhora de Nazaré,
Maria, coração transbordante de amor,
T.: rogai pela Igreja e por nós todos!
Mãe trabalhadora, das donas-de-casa,
Amiga fiel de todas as horas,
Nossa irmã maior na fé,
Pastora de todos os pastores de nossa Igreja,
T.: rogai por todos os homens e mulheres!
Senhora das comunidades,
Senhora dos caminhos difíceis,
Senhora dos corações dolorosos,
Senhora consoladora dos aflitos,
T.: rogai por todos os que sofrem!
Mãe libertadora no canto do Magnificat,
Imaculado Coração Santo,
Mãe dos pobres e pequenos,
Mãe da Igreja missionária,
T.: rogai pelos que lutam pela justiça e pela paz!
Mãe e mestra da fé,
Educadora de um novo tempo,
Senhora Aparecida,
Mãe do Perpétuo Socorro,
T.: continuai vossa mediação entre os homens e Deus, continuai essa presença materna entre nós. Amém!

Salve, Rainha

Salve, Rainha, mãe de misericórdia, vida, doçura e esperança nossa, salve. A vós bradamos os degredados filhos de Eva, a vós suspiramos, gemendo e chorando neste vale de lágrimas. Eia, pois, advogada nossa, esses vossos olhos misericordiosos a nós volvei, e depois deste desterro, mostrai-nos Jesus, bendito fruto de vosso ventre. Ó clemente, ó piedosa, ó doce sempre Virgem Maria.

Rogai por nós, Santa Mãe de Deus.
Para que sejamos dignos das promessas de Cristo.
Amém.

Ofício de Nossa Senhora

Agora, lábios meus – Dizei e anunciai.
Os grandes louvores – Da Virgem Mãe de Deus.

Sede em meu favor – Virgem Soberana,
Livrai-me de inimigo – Com vosso valor.
Glória seja ao Pai – Ao Espírito e ao Amor também.

Ele é um só Deus – Em pessoas três.
Agora e sempre – E sem fim. Amém.
Deus vos salve, Virgem – Senhora do Mundo,
Rainha dos céus – E das virgens Virgem.

Estrela da manhã – Deus vos salve, cheia
De graça Divina – Formosa e louçã.
Dai pressa, Senhora – Em favor do Mundo,
Pois vos reconhece – Como defensora.

Deus vos nomeou – Desde a eternidade
Para a Mãe do Verbo – Com o qual criou
Terra, mar e céus – E vos escolheu
Quando Adão pecou – Por esposa de Deus.

Deus a escolheu – E já muito dantes
Em seu tabernáculo – Morada lhe deu.
Ouvi, Mãe de Deus – Minha oração,
Toquem em vosso peito – Os clamores meus.

Oremos: Santa Maria, Rainha dos céus, Mãe de nosso Senhor Jesus Cristo, Senhora do Mundo que a nenhum pecador desamparais, nem desprezais; ponde, Senhora, em mim os olhos de vossa piedade e alcançai-me de vosso amado Filho o perdão de todos os meus pecados, para que eu, que agora venero com devoção vossa Santa e Imaculada Conceição, mereça, na outra vida, alcançar o prêmio da bem-aventurança, por mercê de vosso bendito Filho, Jesus Cristo, nosso Senhor, que com o Pai e o Espírito Santo vive e reina para sempre. Amém.

1º DIA

O PODER DE AMOR
DO CORAÇÃO DE MARIA

1. Oração inicial *(p. 5)*

2. Invocação ao Espírito Santo *(p. 5)*

3. Saudação a Nossa Senhora *(p. 5)*

4. Motivação do dia

Eis-nos diante de vós, Nossa Senhora do Imaculado Coração. Conheceis o motivo que nos leva a começar hoje esta novena de orações. Somos fracos e estamos cansados, mas vimos, cheios de esperança, mostrar-vos o fardo pesado de nossa prova, falar-vos das dificuldades de nossos trabalhos, da dureza de nossas lutas diárias. Sois tão querida, mãe do Coração Imaculado. Vinde, pois, em nosso auxílio.

5. Canto *(p. 45-48)*

6. Leitura da Palavra de Deus
(Mt 11,25-29)

Naquela ocasião, Jesus tomou a palavra e disse: "Eu te louvo, Pai, Senhor do céu e da terra, porque ocultaste estas coisas aos sábios e entendidos e as revelaste aos pequeninos. Sim, Pai, porque assim foi de teu agrado. Tudo me foi entregue pelo Pai. De modo que ninguém conhece o Filho senão o Pai e ninguém conhece o Pai senão o Filho e aquele a quem o Filho quiser revelar.

Vinde a mim todos vós, fatigados e sobrecarregados, e eu vos aliviarei. Tomai sobre os ombros meu jugo e aprendei de mim, que sou manso e humilde de coração, e achareis descanso para vossas almas. — Palavra da Salvação.

7. Rezar 10 Ave-Marias e 1 Glória ao Pai

8. Oração no final do mistério

Inclinai-vos sobre nossas misérias, sobre as chagas dolorosas da humanidade. Mudai o coração de todos os filhos de Deus. Libertai os oprimidos. Confortai os pobres e humildes. Guardai todos os jovens em vosso coração materno, chamai cada um de nós a renovar nosso batismo na construção do Reino de vosso Filho, Jesus Cristo.

T.: Bendito seja o Coração Imaculado da Virgem Maria! Bendito o fruto de vosso ventre, Jesus!

9. Canto *(p. 45-48)*

10. Ladainha do Imaculado Coração de Maria *(p. 6)*

11. Consagração ao Imaculado Coração de Maria *(p. 6)*

12. Oração final *(p. 6)*

13. Invocação da bênção
Pela intercessão do Imaculado Coração de Maria, abençoe-nos Deus todo-poderoso, Pai, Filho e Espírito Santo. Amém!

2º DIA

O CORAÇÃO DE UMA ADVOGADA

1. Oração inicial *(p. 5)*

2. Invocação ao Espírito Santo *(p. 5)*

3. Saudação a Nossa Senhora *(p. 5)*

4. Motivação do dia
Ó Maria, para obtermos as graças, nossos méritos não são suficientes: são fracos, pouco numerosos e muitas vezes envoltos nas faltas de cada dia.

É preciso que escolhamos uma advogada, que interceda eficazmente por nós junto de nosso Senhor Jesus Cristo. Essa advogada sois vós, ó Imaculado Coração.

"Ó nossa mãe, dignai-vos socorrer-nos." Ninguém mais justa que vós para falar ao coração de Jesus, não conheço misericórdia superior à vossa, para zelar por mim. Imploro, pois, vossa assistência, ó amada mãe! Cubri-nos com vosso manto de virtudes; revesti-nos de coragem.

5. Canto *(p. 45-48)*

6. Leitura da Palavra de Deus *(Jo 2,1-11)*
No terceiro dia houve umas bodas em Caná da Galileia e estava presente a mãe de Jesus. Também fora convidado para a festa de casamento Jesus com seus discípulos. Tendo acabado o vinho, disse a mãe para Jesus: "Eles não têm vinho". Respondeu-lhe Jesus: "Mulher", que há entre mim e ti? "Ainda não chegou minha hora." Disse a mãe aos servos: "Fazei tudo o que ele vos disser".

Havia ali seis talhas de pedra para as purificações dos judeus. Em cada uma cabiam duas ou três medidas. Disse-lhes Jesus: "Enchei de água as talhas". Eles encheram-nas até a borda. Disse-lhes Jesus: "Tirai agora e levai ao mestre-sala". Eles levaram. E logo que o mestre-sala provou da água transformada em vinho – não sabia de onde vinha, embora soubessem os serventes que tinham tirado a água – chamou o noivo e lhe disse: "Todos servem primeiro o vinho bom e quando já estão embriagados servem o de qualidade inferior. Tu guardaste até agora o melhor vinho". Este foi o primeiro sinal que fez Jesus em Caná da Galileia, manifestando a sua glória, e os discípulos creram nele. – Palavra da Salvação.

7. Rezar 10 Ave-Marias e 1 Glória ao Pai

8. Oração no final do mistério

Nós vos pedimos, advogada nossa, em nome do amor que sempre tivestes ao vosso divino Filho, em nome da dedicação sem limites com que o cercastes, em nome sobretudo das dores que sofrestes nas angústias e fragilidades da vida, voltai para nós vosso materno coração.

T.: Bendito seja o Coração Imaculado da Virgem Maria! Bendito o fruto de vosso ventre, Jesus!

9. Canto *(p. 45-48)*

10. Rezando a Salve, Rainha *(p. 9)*

11. Consagração ao Imaculado Coração de Maria *(p. 6)*

12. Oração final *(p. 6)*

13. Invocação da bênção
Pela intercessão do Imaculado Coração de Maria, abençoe-nos Deus todo-poderoso, Pai, Filho e Espírito Santo. Amém!

3º DIA

SOB VOSSA PROTEÇÃO

1. Oração inicial *(p. 5)*

2. Invocação ao Espírito Santo *(p. 5)*

3. Saudação a Nossa Senhora *(p. 5)*

4. Motivação do dia
Ó mãe querida, lembrai-vos que somos vossos filhos, que estamos colocados sob vossa proteção; que desejamos estabelecer nossa morada convosco. Hoje nos vedes humildemente prostrados a vossos pés para vos pedir mais uma prova de vossa maternal proteção.

Ó querido Coração, sois rica em bondade, permanecei ao nosso lado nos momentos mais difíceis de nosso caminhar, em vosso refúgio sempre queremos estar, pois sois nosso único refúgio depois do Senhor, ó querida mãe.

5. Canto *(p. 45-48)*

6. Leitura da Palavra de Deus
(Jd 13,18-19)
E Ozias lhe disse: "Ó filha, tu és bendita pelo Deus Altíssimo, mais que todas as mulheres da terra! E bendito é o Senhor Deus, que criou os céus e a terra e te levou a decepar a cabeça do chefe de nossos inimigos! A esperança, de que deste prova, jamais se apagará do coração dos homens, que se lembrarão do poder de Deus para sempre".

— Palavra do Senhor.

7. Rezar 10 Ave-Marias e 1 Glória ao Pai

8. Oração no final do mistério
Ó Deus todo-poderoso, pela intercessão de Maria, nossa mãe, socorrei os fiéis que se alegram com vossa proteção, livrando-os de todo o mal neste mundo e dando-lhes a alegria do céu. Por nosso Senhor Jesus Cristo, vosso Filho, na unidade do Espírito Santo. Amém.

T: Bendito seja o Coração Imaculado da Virgem Maria! Bendito o fruto de vosso ventre, Jesus!

9. Canto *(p. 45-48)*

10. Rezando o Ofício de Nossa Senhora *(p. 9)*

11. Consagração ao Imaculado Coração de Maria *(p. 6)*

12. Oração final *(p. 6)*

13. Invocação da bênção
Pela intercessão do Imaculado Coração de Maria, abençoe-nos Deus todo-poderoso, Pai, Filho e Espírito Santo. Amém!

4º DIA

UM CORAÇÃO, FONTE INESGOTÁVEL DE GRAÇAS

1. Oração inicial *(p. 5)*

2. Invocação ao Espírito Santo *(p. 5)*

3. Saudação a Nossa Senhora *(p. 5)*

4. Motivação do dia

Todos os dias, ó Imaculado Coração, vossas mãos fazem jorrar sobre o mundo torrentes de graças! Graças de conversão, de perseverança, de martírio, de apostolado, de resistência a todo mal, de generosidade no serviço de Deus.

Graças para cada momento da vida, para cada circunstância feliz, para cada dificuldade.

Todas essas graças, espirituais ou temporais, saem do coração de vosso Filho!

Dessa fonte, que é o coração de vosso Filho, nunca deixaram de brotar as águas que abrandam os corações despedaçados, fortificam a fraqueza e nos tiram das águas lodosas dos vícios do dia a dia.

5. Canto *(p. 45-48)*

6. Leitura da Palavra de Deus
(Is 61,10-11)
De coração me alegro no Senhor, e minha alma exulta em meu Deus! Pois revestiu-me dos trajes da salvação, envolveu-me com o manto da justiça, qual noivo que ajeita seu turbante, qual noiva que se enfeita com as joias.

Sim, como a terra faz germinar as plantas e o jardim faz brotar as hortaliças, do mesmo modo o Senhor Deus faz brotar a justiça, e a glória na presença de todas as nações.

7. Rezar 10 Ave-Marias e 1 Glória ao Pai

8. Oração no final do mistério

Senhor nosso Deus, concedei-nos sempre saúde de alma e de corpo e fazei que, pela intercessão da Virgem Maria, libertos das tristezas presentes, gozemos as alegrias eternas. Por nosso Senhor Jesus Cristo, vosso Filho, na unidade do Espírito Santo. Amém.

T.: Bendito seja o Coração Imaculado da Virgem Maria! Bendito o fruto de vosso ventre, Jesus!

9. Canto *(p. 45-48)*

10. Rezando o Ofício de Nossa Senhora *(p. 9)*

11. Consagração ao Imaculado Coração de Maria *(p. 6)*

12. Oração final *(p. 6)*

13. Invocação da bênção

Pela intercessão do Imaculado Coração de Maria, abençoe-nos Deus todo-poderoso, Pai, Filho e Espírito Santo. Amém!

5º DIA

UM CORAÇÃO DE AMOR E MISERICÓRDIA

1. Oração inicial *(p. 5)*

2. Invocação ao Espírito Santo *(p. 5)*

3. Saudação a Nossa Senhora *(p. 5)*

4. Motivação do dia

O coração materno da mãe Maria aponta-nos o coração misericordioso e cheio de amor de seu Filho amado.

Ser por Ele amado é ver-se prevenido de vossas graças, enriquecido de vossos dons, chamado à eterna bem-aventurança, consumido em vossa união, transformado em vós para formar um só e mesmo coração.

Como prova de sua infinita bondade, hoje mais do que nunca, Jesus nos manifesta os tesouros infinitos de seu coração e é pelas mãos de sua querida mãe que nós lhe pedimos.

Sois vós, então, ó Imaculado Coração, que nos comunicais esses testemunhos da infinita bondade de vosso Filho.

Em vossas mãos depositamos nossos corações, para que os ofereçais ao vosso amado Filho.

5. Canto *(p. 45-48)*

6. Leitura da Palavra de Deus
(1Sm 2,1-10)
Então Ana fez esta prece:

Exulta meu coração no Senhor, reergue-se minha fronte em Deus; minha boca se ri dos meus inimigos, pois me alegro na tua salvação.

Ninguém é santo como o Senhor, pois não há ninguém fora de ti, e ninguém é rocha como nosso Deus.

Não multipliqueis palavras altivas, nem saia insolência de vossas bocas! Pois o Senhor é um Deus cheio de saber, é ele quem pesa as ações.

O arco dos valentes quebrou, a força cingiu os exaustos. Os saciados se empregam pelo pão, os famintos podem folgar para sempre; a estéril dá à luz sete vezes e a mãe de muitos filhos fenece.

É o Senhor que dá a vida e a morte, conduz à mansão dos mortos e de lá faz voltar.

É o Senhor que toma pobre e faz rico, humilha e também exalta.

Levanta do pó o pobre, do monturo ergue o indigente, fazendo-os sentar com os príncipes e concedendo-lhes um trono glorioso.

Pois é ao Senhor que pertencem as colunas da terra; sobre elas colocou o orbe.

Ele guarda os passos dos seus fiéis enquanto os ímpios perecem nas trevas, pois não é pela força que o homem triunfa.

Os contendores do Senhor perecem, o Excelso nos céus troveja. O Senhor julga os confins da terra, dá força ao rei e exalta a fronte do seu ungido.

– Palavra da Salvação.

7. Rezar 10 Ave-Marias e 1 Glória ao Pai

8. Oração no final do mistério
Ó Deus de misericórdia, socorrei nossa fraqueza e concedei-nos ressurgir de nossos pecados pela intercessão do Coração Imaculado de Maria. Por Cristo, Senhor nosso. Amém.
T.: Bendito seja o Coração Imaculado da Virgem Maria! Bendito o fruto de vosso ventre, Jesus!

9. Canto *(p. 45-48)*

10. Rezando a Salve, Rainha *(p. 9)*

11. Consagração ao Imaculado Coração de Maria *(p. 6)*

12. Oração final *(p. 6)*

13. Invocação da bênção
Pela intercessão do Imaculado Coração de Maria, abençoe-nos Deus todo-poderoso, Pai, Filho e Espírito Santo. Amém!

6º DIA

O CORAÇÃO DA MÃE QUE REZA POR NÓS

1. Oração inicial *(p. 5)*

2. Invocação ao Espírito Santo *(p. 5)*

3. Saudação a Nossa Senhora *(p. 5)*

4. Motivação do dia

Sim, ó Imaculado Coração, nós vos aceitamos por nossa mãe. Queremos que nos deis, a cada dia, um pouco da vida que vem do coração de vosso Filho. Sabemos que no céu intercedeis por nós junto Àquele de quem procedem todas as graças.

Gostamos de chamar-vos "Esperança Nossa" em todas as necessidades, porque vossa intercessão maternal nunca fica sem efeito perante Deus, a quem nada é impossível.

Sabemos que vos inclinais com amor e delicadeza de mãe sobre nosso mundo e sobre cada um de nós.

Recolhei em vossas mãos e em vosso coração de mãe nossa fidelidade, nosso amor, nossas súplicas para apresentar tudo a vosso Filho, Jesus.

5. Canto *(p. 45-48)*

6. Leitura da Palavra de Deus
(Ef 4,11-16)
É ele que a uns fez apóstolos, a outros profetas, a estes evangelistas, àqueles pastores e doutores, para o aperfeiçoamento dos santos, para a obra do ministério, na edificação do corpo de Cristo, até que todos nós cheguemos à unidade da fé e do conhecimento do Filho de Deus, até atingirmos o estado de homens feitos, de acordo com a idade madura da plenitude de Cristo. Assim, não sejamos mais como crianças ao sabor das ondas, agitados por qualquer sopro de doutrina, ao capricho da maldade dos homens e de seus artifícios enganosos. Mas, vivendo se-

gundo a verdade e na caridade, cresceremos em tudo, achegando-nos àquele que é nossa cabeça, Cristo. Em virtude de sua vida, o corpo, todo coordenado e unido por cada vínculo de ministério que corresponde à força própria de cada membro, cresce e se edifica na caridade.

— Palavra do Senhor.

7. Rezar 10 Ave-Marias e 1 Glória ao Pai

8. Oração no final do mistério
Ó mãe do Imaculado Coração, mãe de nosso Salvador Jesus Cristo, vós rezais conosco e por nós. Que vossa oração leve todos os homens a Jesus e faça habitar em nós vosso Espírito. Pedimos vossa intercessão maternal por todas as nossas necessidades, assim como por todos os homens, nossos irmãos. Amém.

T.: Bendito seja o Coração Imaculado da Virgem Maria! Bendito o fruto de vosso ventre, Jesus!

9. Canto *(p. 45-48)*

10. Rezando o Ofício de Nossa Senhora *(p. 9)*

11. Consagração ao Imaculado Coração de Maria *(p. 6)*

12. Oração final *(p. 6)*

13. Invocação da bênção
Pela intercessão do Imaculado Coração de Maria, abençoe-nos Deus todo-poderoso, Pai, Filho e Espírito Santo. Amém!

7º DIA

MARIA, COMPANHEIRA NA FÉ, NA ESPERANÇA E NO AMOR

1. Oração inicial *(p. 5)*

2. Invocação ao Espírito Santo *(p. 5)*

3. Saudação a Nossa Senhora *(p. 5)*

4. Motivação do dia

Ó Virgem Maria, coração Imaculado, modelo de todas as virtudes. Com toda a Igreja, levantamos até vós nossos olhares. Iluminai nossos passos e dai-nos um coração ardente a fim de contemplarmos, em nossas atitudes cristãs, uma sincera admiração de fé, esperança e amor como vos, mãe de Jesus Cristo, as vivestes.

Serva do Senhor e modelo de nossa fé, soubestes corresponder, melhor do que todos os homens, ao amor do Pai. No simples dia a dia, com as provações, vosso amor cresceu em dedicação, em testemunho discreto e eficaz. Vossa união íntima com Jesus Cristo irradiava-se em toda a vossa vida. Dedicastes amor e atenção a todos, da visitação a Caná, da Cruz ao Cenáculo.

Senhora do Coração Imaculado, ao contemplar vossas virtudes, fazei-nos penetrar mais intimamente no mistério de vosso Filho e da nossa Salvação. Ajudai-nos a nos parecer cada vez mais com Jesus. Mesmo no meio das provações, fazei-nos aceitar sua mensagem, progredir na fé, servir a Deus em nossos irmãos.

5. Canto *(p. 45-48)*

6. Leitura da Palavra de Deus
(1Cor 13,1-13)
Se falar as línguas de homens e anjos, mas não tiver a caridade, sou como bronze que soa ou tímpano que retine.

E se possuir o dom da profecia e conhecer todos os mistérios e toda a ciência e alcançar tanta fé que chegue a transportar montanhas, mas não tiver a caridade, nada sou.

E se repartir toda a minha fortuna e entregar meu corpo ao fogo, mas não tiver a caridade, nada disso me aproveita.

A caridade é paciente, a caridade é benigna, não é invejosa; a caridade não é orgulhosa, não se ensoberbece; não é descortês, não é interesseira, não se irrita, não guarda rancor; não se alegra com a injustiça, mas se compraz com a verdade; tudo desculpa, tudo crê, tudo espera, tudo tolera.

A caridade nunca acabará; as profecias terão fim; as línguas cessarão; a ciência terminará.

Pois nosso conhecimento é imperfeito e assim também a profecia.

Mas quando chegar a consumação, desaparecerá o imperfeito.

Quando era criança, falava como criança, pensava como criança, raciocinava como criança; quando cheguei a ser homem, deixei as coisas de criança, agora inúteis. No presente vemos por um espelho e obscuramente; então veremos face a face. No presente conheço só em parte; então conhecerei como sou conhecido.

No presente permanecem estas três: fé, esperança e caridade; delas, porém, a mais excelente é a caridade.
— Palavra do Senhor.

7. Rezar 10 Ave-Marias e 1 Glória ao Pai

8. Oração no final do mistério
Senhora nossa e nossa mãe, para obtermos as provas das graças que pedimos por vossa intercessão, acompanhai-nos até o dia em que poderemos cantar convosco a glória, o poder e o amor do Pai em seu Filho, Jesus Cristo, por seu Espírito Santo, por toda a eternidade. Amém.
T.: Bendito seja o Coração Imaculado da Virgem Maria! Bendito o fruto de vosso ventre, Jesus!

9. Canto *(p. 45-48)*

10. Rezando o Ofício de Nossa Senhora *(p. 9)*

11. Consagração ao Imaculado Coração de Maria *(p. 6)*

12. Oração final *(p. 6)*

13. Invocação da bênção
Pela intercessão do Imaculado Coração de Maria, abençoe-nos Deus todo-poderoso, Pai, Filho e Espírito Santo. Amém!

8º DIA

NO CORAÇÃO DE MARIA, O NOSSO CORAÇÃO

1. Oração inicial *(p. 5)*

2. Invocação ao Espírito Santo *(p. 5)*

3. Saudação a Nossa Senhora *(p. 5)*

4. Motivação do dia

Nós bendizemos a Deus por vós, ó Maria, mãe do coração de amor, que nos ensinais a amar vosso Filho, nosso Salvador. Cremos que continuais a interceder por nós alcançando-nos os dons da Salvação eterna. Sabemos que Deus ouve sempre vossa oração, porque vos quis perto de seu Filho e unida a Ele para sempre. Estamos convencidos de que o Pai vos atende porque aqui na terra sempre o ouvistes e o servistes na fé, com esperança e amor.

Ó querida mãe, bem conheceis nossas preocupações; sabeis muito bem o que falta e até os favores mais simples e comuns podem ser para nós os sinais da maravilhosa riqueza do amor de Deus.

5. Canto *(p. 45-48)*

6. Leitura da Palavra de Deus
(Jt 13,17-20; 15,9)

Todo o povo ficou extraordinariamente estupefato. Inclinando-se para adorar a Deus, disseram a uma só voz: "Bendito sejas, ó nosso Deus, que hoje reduziste a nada os inimigos de teu povo!". E Ozias lhe disse: "Ó filha, tu és bendita pelo Deus Altíssimo, mais que todas as mulheres da terra! E bendito é o Senhor Deus, que criou o céu e a terra e te levou a decepar a cabeça do chefe de nossos inimigos! A esperança, de que deste prova, jamais se apagará do coração dos homens, que se lembrarão do poder de Deus para sempre.

Faça Deus que isto sirva para tua perpétua exaltação, e que sejas cumulada com seus bens. Pois não poupaste tua vida por causa da humilhação de nossa raça. Saíste em socorro de nossa ruína, caminhando retamente diante de nosso Deus!".

E todo o povo respondeu: "Assim seja! Assim seja!".

Quando a encontraram, todos, a uma só voz, a glorificaram, dizendo-lhe: "Tu és a exaltação de Jerusalém, tu és o grande orgulho de Israel, tu és a grande ufania de nossa raça!".

– Palavra do Senhor.

7. Rezar 10 Ave-Marias e 1 Glória ao Pai

8. Oração no final do mistério

Ó Senhora do Coração Imaculado, nós vos pedimos por todos os que se dirigem a vós, com o mesmo amor e a mesma confiança. Apoiados por tantos irmãos e irmãs, nós vos confiamos mais uma vez nosso pedido pessoal, e que essa novena possa agradar-vos. Amém.

T.: Bendito seja o Coração Imaculado da Virgem Maria! Bendito o fruto de vosso ventre, Jesus!

9. Canto *(p. 45-48)*

10. Rezando o Ofício de Nossa Senhora *(p. 9)*

11. Consagração ao Imaculado Coração de Maria *(p. 6)*

12. Oração final *(p. 6)*

13. Invocação da bênção
Pela intercessão do Imaculado Coração de Maria, abençoe-nos Deus todo-poderoso, Pai, Filho e Espírito Santo. Amém!

9º DIA

NOSSA SENHORA, NOSSA CONFIANÇA

1. Oração inicial *(p. 5)*

2. Invocação ao Espírito Santo *(p. 5)*

3. Saudação a Nossa Senhora *(p. 5)*

4. Motivação do dia

Senhora nossa, em vosso coração encontramos toda confiança. Vós sois um sinal de esperança para nós que ainda estamos caminhando ao encontro do Senhor, lutando no meio da insegurança e do mal que nos rodeiam neste mundo.

Bendito seja o Deus da Vida, que nos fez participar na pessoa e no exemplo de vossa Vida. Ele nos deixou a certeza de que, um dia, poderemos, nós também, participar plenamente da vitória do Cristo ressuscitado.

Orai por nós, ó Coração Imaculado, mostrando-nos a fonte de todas as graças: o coração, o amor de vosso Filho Jesus.

Que nossa oração seja vossa oração, a fim de que nossa confiança alcance os sinais visíveis de vossa intercessão, na realização das graças e favores que vos pedimos.

Intercedei por nós junto ao vosso Filho para que Ele nos conserve sempre em seu coração, a nós e a todos os homens, e que, um dia, estejamos junto dele, perto de vós. Que possamos viver aqui na felicidade e na graça, dia por dia, mesmo que nossas provações se prolonguem.

5. Canto *(p. 45-48)*

6. Leitura da Palavra de Deus
(Jo 14,1-6)
Não se perturbe vosso coração. Credes em Deus, crede em mim também. Na casa do Pai há muitas moradas. Se assim não fora, eu vos teria dito. Pois eu vou preparar-vos um

lugar. Quando tiver ido e tiver preparado um lugar para vós, voltarei novamente e vos levarei comigo para que, onde eu estiver, estejais também vós. E vós conheceis o caminho para onde vou.

Disse-lhe Tomé: "Não sabemos para onde vais, como poderemos saber o caminho?" Jesus lhe respondeu: "Eu sou o caminho, a verdade e a vida. Ninguém vem ao Pai senão por mim".

7. Rezar 10 Ave-Marias e 1 Glória ao Pai

8. Oração no final do mistério

Coração de Maria, ó Serva e Rainha, derramai vossa bênção de paz sobre nós.

Atendei, ó Mãe, essa prece confiante que elevamos a uma só voz:

Bênção, Maria!

Bênção, ó Mãe de Jesus!

O vosso coração de Mãe, nossa vida proteja e conduza! Amém.

T.: Bendito seja o Coração Imaculado da Virgem Maria! Bendito o fruto de vosso ventre, Jesus!

9. Canto *(p. 45-48)*

10. Rezando o Ofício de Nossa Senhora *(p. 9)*

11. Consagração ao Imaculado Coração de Maria *(p. 6)*

12. Oração final *(p. 6)*

13. Invocação da bênção
Pela intercessão do Imaculado Coração de Maria, abençoe-nos Deus todo-poderoso, Pai, Filho e Espírito Santo. Amém!

CANTOS PARA A NOVENA

1. Socorrei-nos, ó Maria

1. Socorrei-nos, ó Maria,/ noite e dia, sem cessar!/ Os doentes e os aflitos/ vinde, vinde consolar!

Vosso olhar a nós volvei,/ vossos filhos protegei!/ Ó Maria, ó Maria!/ Vossos filhos socorrei!

2. Dai saúde ao corpo enfermo,/ dai coragem na aflição!/ Sede a nossa doce estrela/ a brilhar na escuridão!

3. Que tenhamos cada dia/ pão e paz em nosso lar;/ e de Deus a santa graça/ vos pedimos neste altar.

4. Nas angústias e receios,/ sede, ó mãe, a nossa luz!/ Dai-nos sempre fé e confiança/ no amor do bom Jesus.

2. Eu canto louvando Maria

Eu canto louvando Maria, minha mãe./ A ela um eterno obrigado eu darei./ Maria foi quem me ensinou a viver,/ Maria foi quem me ensinou a sofrer.

1. Maria em minha vida é luz a me guiar./ É mãe que me aconselha, me ajuda a caminhar./ Mãe do bom conselho, rogai por nós.

Eu canto louvando Maria, minha mãe./ A ela um eterno obrigado eu darei./ Maria foi quem me ensinou a viver,/ Maria foi quem me ensinou a sofrer.

2. Nas horas de incerteza, ó Mãe vem me ajudar./ Que eu sinta confiança na paz do vosso olhar;/ Mãe da confiança, rogai por nós.

3. Que eu dê a vida inteira o sim aos meus irmãos,/ o "sim" que vós dissestes, de todo coração;/ Virgem Mãe dos homens, rogai por nós.

3. Imaculada Maria de Deus

Imaculada Maria de Deus,/ coração pobre acolhendo Jesus!/ Imaculada Maria do povo,/ Mãe dos aflitos que estão junto à cruz!

1. Um coração que era sim para vida,/ um coração que era sim para o irmão,/ um coração

que era sim para Deus,/ Reino de Deus renovando este chão.

2. Olhos abertos pra sede do povo,/ passo bem firme que o medo desterra,/ mãos estendidas que os tronos renegam,/ Reino de Deus que renova esta terra.

3. Faça-se, ó Pai, vossa plena vontade;/ que os nossos passos se tornem memória/ do amor fiel que Maria gerou;/ Reino de Deus atuando na História.

4. Uma entre todas
1. Uma entre todas foi a escolhida:/ Foste tu, Maria, serva preferida,/ Mãe do meu Senhor, Mãe do meu Salvador.

Maria, cheia de graça e consolo,/ vem caminhar com teu povo./ Nossa Mãe sempre serás.

2. Roga pelos pecadores desta terra./ Roga pelo povo que em seu Deus espera,/ Mãe do Senhor, Mãe do meu Salvador.

5. Dulcíssima esperança
1. Dulcíssima esperança,/ meu belo amor, Maria,! tu és minha alegria,/ a minha paz és tu!/ Quando teu nome eu chamo,/ e em ti, Maria eu penso,/ então um gáudio imenso/ me rouba o coração! (bis)

2. Debaixo de teu manto,/ minha Senhora linda,/ quero viver e ainda/ espero aqui morrer./ Porque se a ti amando,/ me toca a feliz sorte/ de te invocar na morte,/ terei seguro o céu! (bis)

3. Estende-me teus braços,/ de amor serei cativo,/ no mundo enquanto vivo,/ serei fiel a ti./ Meu coração é presa/ de teu amor clemente;/ a Deus farás presente,/ do que já não é meu! (bis)

6. Doce coração de Maria
Doce coração de Maria, sede a nossa salvação. (bis)

Quando a dor vier ao encontro, seja alívio na aflição.

Quando o amor faltar na vida, imploramos redenção.

Quando a fé vier faltar, e nos turbar o coração.

Se a tristeza impedir-nos, de viver em comunhão.

Quando o amor deixar de ser, a bandeira da missão. Quando a ganância nos impedir, de ver no outro o meu irmão.

Quando os homens não acreditarem, na graça do perdão.